Fiche **notion**

Par Veronica Cibotaru

L'État

lePetitPhilosophe.fr

Associez chaque citation à l'explication qui lui correspond.

Choisissez un sujet bac et construisez le plan de votre dissertation en y associant, si possible, certaines des citations et des explications reprises ci-dessus.

INTRODUCTION

La notion d'État est omniprésente dans la vie de tous les jours et sur la scène politique. Pourtant, prise dans son sens actuel, elle est relativement récente. En effet, on ne commence à désigner comme États que les royaumes apparus **à partir du XVIIe siècle**.

Trois éléments caractérisent l'État moderne :

- **l'État-nation**, c'est-à-dire le fait que les membres d'un État appartiennent à une seule nation ;
- **la permanence du pouvoir de l'État**, qui est garanti par des lois et ne peut être dissolu par la simple volonté de quelques individus ;
- **la séparation nette entre la sphère publique** (ce qui relève des affaires communes n'est pas réglé par la volonté ou les convictions de quelques individus mais par l'État) **et la sphère privée** (ce qui relève de la volonté ou des convictions particulières des individus).

Cette dernière particularité implique notamment que ceux qui gouvernent au nom de l'État ne le font pas en suivant leur propre volonté, mais dans l'intérêt de l'ensemble de la société. Ainsi, l'État se constitue sous la forme d'**une entité politique qui se distingue de la société comme somme d'individus ayant leurs volontés et convictions particulières**.

La notion d'État suscite ainsi plusieurs questions : quelle est la place de l'individu au sein de l'État ? Quelles sont ses responsabilités et ses libertés ? Qu'est-ce qui constitue la légitimité du pouvoir de l'État ? Quelle est la place de l'État au sein du contexte contemporain de la mondialisation ? …

<u>Niveaux de lecture :</u>

*** : incontournable

** : à ne pas négliger

* : pour approfondir

APPROCHES DE LA NOTION

LE RÔLE DE L'ÉTAT

L'État pour garantir la sécurité et la paix ***

Plusieurs penseurs, notamment **les théoriciens du contrat social** (Hobbes, Locke et Rousseau), ont affirmé la nécessité de l'État pour garantir l'unité de la société et l'ordre social.

Comme le montre **Thomas Hobbes** (1588-1679) dans *Le Léviathan* (1651), l'homme à l'état de nature, c'est-à-dire avant l'apparition des sociétés, est animé par des intérêts égoïstes qui vont à l'encontre des intérêts d'autrui et qui génèrent un état de guerre permanent. C'est en ce sens que le philosophe affirme que « l'homme est un loup pour l'homme ». C'est pourquoi **la création de l'État est nécessaire afin de garantir la paix et la sécurité de ses membres** (citation 1)..

L'État est envisagé comme un pouvoir souverain auquel les hommes confient une part de leur liberté au travers d'une convention commune, c'est-à-dire par un contrat. Les hommes aboutissent ainsi à un accord commun qui n'est pas « naturel » mais institué, au sens où il procède d'une décision consciente et volontaire des hommes entre eux, dans la mesure où ceux-ci sont déterminés à vivre ensemble selon certaines règles communes, et non en fonction des envies arbitraires de chacun. C'est le principe du contrat social.

Plus précisément, Hobbes conçoit cet État comme un pouvoir absolu réuni entre les mains d'une seule personne (le souverain) ou d'un groupe de personnes qui agit comme bon lui semble. Il est fondé sur la crainte que le souverain inspire à ses sujets. Ceux-ci lui abandonnent totalement leur droit de se gouverner eux-mêmes, donc leur liberté. Il s'agit d'une **conception absolutiste de l'État**.

Néanmoins, le pouvoir absolu du souverain n'est légitime que tant qu'il assure la paix et la protection de ses sujets à la fois à l'égard d'eux-mêmes et des invasions étrangères.

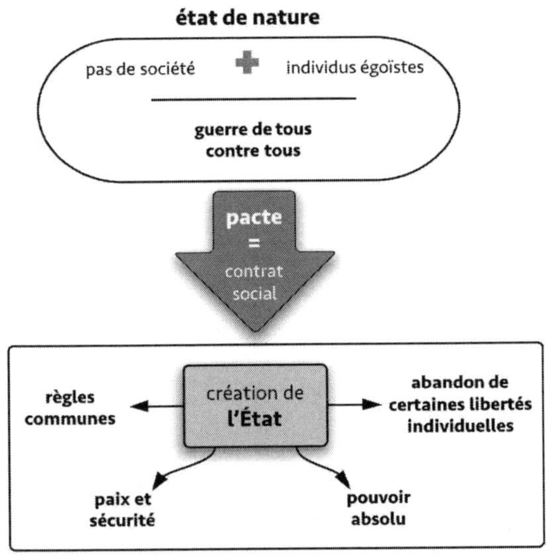

L'État pour protéger les droits naturels de l'homme **

John Locke (1632-1704), quant à lui, argumente dans *Le Second Traité du gouvernement* (1690) en faveur d'un État qui n'exige pas l'abandon de la liberté totale des citoyens. Bien au contraire, il prône un État libéral qui garantit **les libertés fondamentales et les droits naturels de ses citoyens**, c'est-à-dire les droits des hommes à l'état de nature.

De tels droits incluent **le droit de liberté personnelle, de propriété et de légitime défense**. Aucun pouvoir n'a dès lors le droit de disposer de façon arbitraire de la vie, de la liberté et des possessions de ses citoyens (citation 2).

Locke entend ainsi combattre l'absolutisme, en montrant que les hommes ont des libertés et des droits inaliénables, et que le pouvoir de l'État ne peut s'étendre à la sphère privée des citoyens. Ainsi, son domaine de compétence ne peut excéder l'espace public.

L'État pour préserver la liberté et l'égalité ***

Jean-Jacques Rousseau (1712-1778) prône pour sa part une forme d'État où le peuple est souverain.

Il explique, dans *Du contrat social* (1762), que **la société est le lieu de jeux de pouvoir et de guerres** entre des hommes égocentriques. Ces jeux de pouvoir découlent selon lui de l'institution de la propriété et de l'amour-propre des hommes. Ils témoignent d'une société profondément inégalitaire et injuste, où la liberté des individus n'est pas garantie. **L'État vise dès lors à remédier à cette situation**

en donnant des droits et des obligations équivalents à chaque citoyen.

Pourtant, la liberté individuelle des citoyens semble être limitée puisque chacun doit respecter les droits des autres. Mais simultanément, en obéissant aux lois, les hommes n'obéissent pas à quelqu'un en particulier. Au contraire, **ils obéissent librement et volontairement à des lois dont ils sont eux-mêmes auteurs puisque celles-ci sont issues de la volonté générale**, conçue comme la somme de toutes les volontés particulières ramenées à un intérêt commun. La liberté des individus est donc conservée et garantie (citation 3). Par conséquent, selon Rousseau, la légitimité de l'État réside dans la conformité de ses lois à la volonté générale.

Un tel État, qui accorde les mêmes droits et les mêmes devoirs à chaque citoyen, et qui par là même instaure l'égalité de tout citoyen face à la loi, est appelé **État de droit**.

La fonction morale de l'État **

Selon la conception hégélienne de l'État, celui-ci ne se limite pas à garantir les droits des individus. **Georg Wilhelm Friedrich Hegel** (1770-1831) affirme en effet que l'État, grâce à ses institutions juridiques et éthiques, a aussi une fonction morale. Il permet en effet à l'homme de **dépasser ses intérêts particuliers en l'élevant au niveau de la raison et de l'universel** : l'individu ne considère pas uniquement ce qui est bien pour lui-même ou pour sa communauté, mais aussi ce qui est bien pour tout homme, autrement dit ce qui est un bien universel.

Cette conception se fonde sur une **distinction nette entre la société civile et l'État** :

- la société civile relève de la sphère des échanges économiques, caractérisée par les besoins et les intérêts subjectifs des individus ;
- l'État apporte des valeurs morales à la société civile, fondées sur la raison et l'universel.

Grâce à l'État, l'homme dépasse la dimension purement subjective de son existence pour s'élever au niveau de l'objectif, de la raison et du vrai. Ainsi, **en devenant le citoyen d'un État et non plus un simple individu, l'homme réalise son essence, sa nature d'être rationnel** (citation 4).

LES DÉRIVES DE L'ÉTAT

Le risque d'un pouvoir absolu de l'État ***

L'État ne pourrait subsister sans le pouvoir de contraindre ses citoyens à obéir à ses lois. Ainsi, l'État a une influence considérable sur eux. Il est donc nécessaire de délimiter son pouvoir afin de parer au risque d'un pouvoir absolu de l'État, forme de gouvernement que l'on appelle aussi **absolutisme**.

BON À SAVOIR :

Dans un sens général, la notion de **pouvoir** désigne une capacité, une aptitude ou l'influence que l'on a sur quelqu'un. Dans un sens plus restreint, elle désigne l'autorité suprême et les moyens nécessaires pour maintenir et défendre cette autorité (par exemple l'armée) : il s'agit du pouvoir politique et il implique l'obéissance des individus d'une société.

Dans *De l'esprit des lois* (1748), **Montesquieu** (1689-1755) défend **le principe de séparation des trois pouvoirs** – représenté chacun par une institution – qui composent le pouvoir de l'État :

- le pouvoir législatif, qui crée les lois de l'État et est représenté par le Parlement ;
- le pouvoir judiciaire, qui juge tout citoyen selon les lois de l'État et est représenté par les juridictions ;
- le pouvoir exécutif, qui gouverne les affaires publiques de l'État en accord avec ses lois et est représenté par le gouvernement.

Une personne ne peut remplir qu'une fonction liée à un seul pouvoir. Ainsi, un juge ne peut pas être en même temps législateur, de même qu'un chef d'État ne peut pas être simultanément juge.

En divisant ainsi le pouvoir de l'État, on esquive le risque de l'absolutisme, car on évite que le pouvoir soit réuni entre les mains d'une seule personne ou d'un groupe de personnes. Par conséquent, le principe de séparation des pouvoirs permet de **limiter le pouvoir de ceux qui gouvernent, qui légifèrent ou qui jugent au nom de l'État** (citation 5). C'est pourquoi il est au fondement d'un État démocratique : en n'attribuant le pouvoir à aucun individu ou groupe d'individus en particulier, il donne en dernière instance le pouvoir au peuple. Il permet ainsi aux individus de ne pas être de simples sujets d'un État, en lui obéissant, mais aussi de véritables citoyens, en partageant les mêmes libertés, droits et responsabilités.

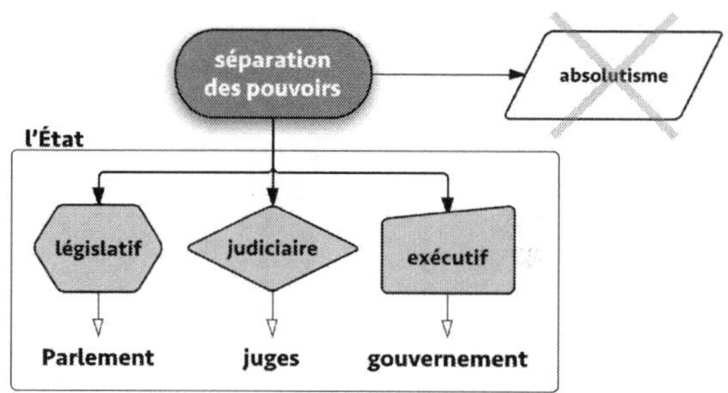

Le pouvoir de l'État comme monopole de la violence *

L'obéissance de tout citoyen aux lois de l'État ne serait toutefois que lettre morte si l'État ne pouvait aussi pénaliser ceux qui ne respectent pas ses lois : l'État disparaitrait pour faire place à l'anarchie. Le pouvoir de l'État implique dès lors un pouvoir de coercition, et donc l'usage possible de la violence.

<u>BON À SAVOIR :</u>

La notion d'anarchie (du grec *an*, « sans », et *arkhe*, « pouvoir », « commandement ») désigne une absence de principe, de commandement ou d'ordre. Dans un contexte politique, l'anarchie fait référence à une situation sociale sans autorité politique et sans principe directeur d'ordre. Dans un sens négatif, l'anarchie signifie le désordre social : elle se situe ainsi aux antipodes de ce qu'est un État, qui justement est censé garantir l'ordre social. Néanmoins, l'anarchie peut avoir aussi un sens positif : elle désigne alors une forme d'ordre social sans autorité politique coercitive, autrement dit un ordre social qui pourrait subsister sans un État au sens propre du terme. Elle est prônée, dans diverses variantes, par certains penseurs tels que Bakounine (1814-1876) ou Chomsky (1928).

Le sociologue allemand **Max Weber** (1864-1920) affirme dans son recueil *Le Savant et le Politique* (1919) qu'une des caractéristiques les plus importantes de l'État contemporain est sa revendication du « monopole de la violence physique légitime ». Autrement dit, **seul l'État a le droit d'utiliser la violence physique en vue de maintenir l'ordre social**, ce qui délégitime l'usage de la violence par les individus ou les groupes d'une société en dehors du cadre toléré par l'État.

Pourtant, on est en droit de se demander jusqu'à quel point la violence de l'État peut être légitime et si le monopole étatique de la violence ne peut entrainer des dérives.

Ainsi, **Locke** affirme, dans le *Traité du gouvernement civil* (1690), qu'**aucun État n'a le droit de détruire la vie humaine**. Selon lui, toute loi doit respecter les lois de la nature qui portent sur la conservation du genre humain.

Quand les lois d'un État s'opposent aux lois morales **

Le pouvoir d'un État implique que tout citoyen respecte ses lois. Mais faut-il pour autant obéir aux lois d'un État lorsqu'elles sont contraires à ce qui nous parait juste ?

Selon le philosophe américain **Henry David Thoreau** (1817-1862), on ne doit obéir aux lois d'un État que si elles sont en accord avec les lois morales de notre conscience. Comme il l'affirme dans *La Désobéissance civile* (1849), **lorsque nous jugeons les lois d'un État injustes, nous avons le droit et même le devoir moral de désobéir** : c'est ce que le philosophe appelle « la désobéissance civile », qui exprime une résistance des citoyens face à l'État. L'autorité morale de notre conscience est en effet supérieure à toute autre forme d'autorité, et donc aussi à l'autorité étatique.

Ce conflit entre les lois de la morale et les lois de l'État est incarné par la figure d'**Antigone** de **Sophocle** (495-406 av. J.-C.), cette jeune femme qui affronte un décret du roi Créon qu'elle juge injuste. Le décret stipule qu'elle n'a pas le droit d'enterrer son frère Polynice, qui est accusé de trahison, car il a attaqué son frère Étéocle et la cité de Thèbes pour reprendre le pouvoir. Or laisser un corps sans sépulture est, pour les Grecs anciens, une impiété grave. Antigone, qui éprouve un conflit violent entre ses convictions inébranlables et les lois auxquelles elle est forcée d'obéir, choisit la rébellion en désobéissant aux lois de la cité et en résistant au pouvoir politique.

Le pouvoir de l'État comme instrument politique de domination ***

La légitimité du pouvoir de l'État est fondée sur l'idée qu'il sert l'intérêt de la société en général, et non pas uniquement l'intérêt particulier d'une seule couche de la société. Pourtant, les philosophes et économistes **Karl Marx** (1818-1883) et **Friedrich Engels** (1820-1895) ont remis en cause cette conviction.

Dans *L'Idéologie allemande* (1845), ils montrent que **l'idée d'un État au service de l'intérêt général de la société n'est qu'une idéologie** servant à légitimer et à préserver la domination réelle de la classe sociale qui a la suprématie économique. Il y aurait ainsi un écart entre ce que l'État dit être et ce qu'il est réellement.

L'État propage par conséquent un mythe des citoyens égaux qui cache les inégalités réelles de la société. En ce sens, son pouvoir est **un instrument politique de domination** et est par là même illégitime <u>(citation 6)</u>.

<u>**BON À SAVOIR :**</u>

La notion d'idéologie (du grec *idea*, « idée », et *logos*, « discours, science ») désigne un système d'idées qui servent à légitimer la domination d'une classe sociale. Elle peut aussi désigner l'ensemble des idées imposées par un État totalitaire à ses citoyens.

C'est pourquoi, pour mettre fin aux inégalités sociales, Marx et Engels préconisent **un dépassement de l'État à travers la révolution communiste**. Ainsi, dans le *Manifeste du parti communiste* (1847), ils appellent tous les prolétaires, c'est-à-dire tous ceux qui font partie de la classe dominée, à s'unir afin de créer une société sans classe, véritablement égalitaire.

Dans un contexte plus contemporain, le sociologue **Pierre Bourdieu** (1930-2002) présente lui aussi l'État comme un instrument de domination, mais cette dernière se conçoit en termes culturels plus qu'économiques : dans ses *Cours sur l'État* donnés au Collège de France (1989-1992), il affirme que **l'État propage l'idée de valeurs et d'un capital linguistique et culturel universels**, c'est-à-dire qui doivent être partagés par tous les membres de la société. Cependant, bien que ce capital culturel soit considéré comme seul capital culturel légitime, il n'est propre qu'à une couche de la société, à savoir l'élite. En propageant une norme universelle de la culture, l'État permet donc aux élites de dominer culturellement la société.

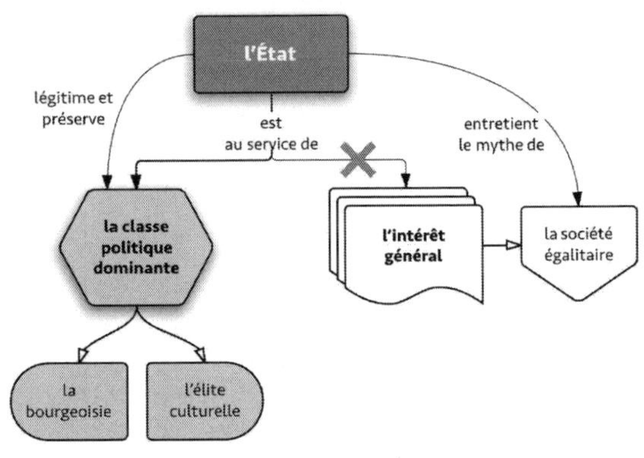

Le totalitarisme, forme extrême du pouvoir de l'État **

Le totalitarisme est un système politique qui aspire à un contrôle total de la société. À la différence d'une simple dictature (régime politique dans lequel le pouvoir appartient à un seul homme ou à un groupe restreint), le totalitarisme ne tend pas uniquement à contrôler les activités des individus, mais aussi leurs pensées intimes, en imposant un mode de pensée unique, une idéologie d'État obligatoire. Le pouvoir de l'État totalitaire nie la liberté de ses citoyens et devient par là même illégitime. On est donc en droit de s'interroger : **la dérive du totalitarisme n'est-elle pas une forme extrême et dangereuse du pouvoir que détient l'État sur la société ?**

Selon **Hannah Arendt** (1906-1975), le totalitarisme n'est

pas une forme extrême du pouvoir de l'État, mais **un dépérissement de l'État comme pouvoir politique**. Dans son ouvrage *Les Origines du totalitarisme* (1951), elle montre en effet que les institutions des États totalitaires, telles que la police secrète d'État par exemple, sortent du cadre législatif, juridique et administratif propre à un État dans la mesure où elles ne s'inscrivent dans aucune loi. Or c'est justement ce cadre qui détermine la spécificité politique de l'État, en distinguant son pouvoir d'un simple pouvoir économique ou militaire. Les États totalitaires ne sont donc plus des États au sens propre du terme.

LES LIMITES DE L'ÉTAT

L'État-providence **

L'État-providence est une forme d'État qui se caractérise par son pouvoir d'intervention dans la société en vue de la prospérité et de la justice sociale.

D'un point de vue économique, on a soutenu à multiples reprises qu'une intervention de l'État était nécessaire pour réguler l'économie. Le célèbre économiste britannique **John Keynes** (1883-1946) s'efforce de montrer **les vertus d'une politique interventionniste** dans son ouvrage *Théorie générale de l'emploi, de l'intérêt et de la monnaie* (1936).

Il s'oppose à une vision purement libérale de l'économie, qui considère que l'État ne doit pas intervenir dans des processus économiques qui s'autorégulent naturellement au mieux. C'est la théorie de la main invisible, que l'on attribue au philosophe et économiste écossais **Adam Smith**

(1723-1790).

Du point de vue du de la liberté humaine, on peut s'interroger : une politique interventionniste de l'État-providence ne réduit-elle pas la liberté de ses citoyens ? **Alexis de Tocqueville** (1805-1859) affirme dans *De la démocratie en Amérique* (1835-1840) que la politique interventionniste de **l'État-providence protège à outrance ses citoyens et tend ainsi à les infantiliser et à les déresponsabiliser**. Ainsi, l'État-providence serait une cage en or où les citoyens n'apprendraient plus à penser ni à décider de leur propre vie (citation 7).

Pour Tocqueville, la logique de l'État-providence risque de nuire à l'exercice de la liberté humaine et dépasse ainsi les limites d'un État légitime.

Le phénomène de la mondialisation *

L'État est traditionnellement conçu comme une entité politique indépendante, avec ses lois spécifiques et son modèle propre d'organisation. En ce sens, il est conçu sur le modèle d'**une autarcie** (état d'une collectivité qui se suffit à elle-même en ce qui concerne la production et la consommation des biens) qui désigne chez **Aristote** (384-322 av. J.-C.) l'autosuffisance.

De nos jours, dans un monde marqué par la **mondialisation**, cette compréhension de l'État semble pouvoir être remise en question. La mondialisation implique effectivement **des processus économiques, sociaux et culturels de taille mondiale** que les États peuvent difficilement contrôler et auxquels ils sont soumis. Ainsi, loin de se suffire à eux-mêmes, les États sont impliqués dans des structures socioéconomiques qui les dépassent, au sein d'un monde interdépendant.

S'agit-il d'un éclatement progressif de la structure même de l'État, ou de l'apparition d'une nouvelle forme d'État, moins centralisé et plus étroitement connecté au reste du monde ? La mondialisation nécessite-t-elle **la création de cet « État cosmopolitique universel »** dont parle **Emmanuel Kant** (1724-1804) dans son *Idée d'une histoire universelle* (1784), un État réunissant tous les États du monde en vue de plus de paix et de justice ?

Bien qu'elles doivent nécessairement rester ouvertes, ces questions montrent à quel point il est aujourd'hui indispensable de repenser la notion d'État, mais aussi de s'interroger sur le sens et la portée de la notion de citoyenneté qui lui est inhérente : est-on le citoyen d'un État ou la mondialisation appelle-t-elle irréductiblement l'émergence de citoyens du monde ?

Les théoriciens du contrat social envisagent l'État comme un pouvoir souverain auquel les hommes confient une part de leur liberté au travers d'une convention commune, c'est-à-dire par un contrat. D'après **Hobbes**, cet État doit prendre la forme d'un pouvoir absolu réuni entre les mains d'une seule personne à laquelle les citoyens abandonnent leur liberté en échange de leur protection. Inversement, **Locke** défend un État libéral qui garantit les libertés et les droits naturels des individus. Enfin, **Rousseau** prône un État qui donne des droits et des obligations équivalents à chaque citoyen, et où les lois sont conformes à la volonté générale.

Hegel affirme en outre que l'État a aussi une fonction morale : il permet à l'homme de dépasser ses intérêts particuliers en l'élevant au niveau de la raison et de l'universel.

Tout État doit être fondé, selon **Montesquieu**, sur le principe de séparation des pouvoirs. En évitant ainsi toute monopolisation du pouvoir, on écarte le risque de l'absolutisme et on garantit un État démocratique.

Marx et Engels ont quant à eux remis en cause la légitimité du pouvoir de l'État, en affirmant que l'idée d'un État pour tous ne sert qu'à légitimer et préserver la domination de la classe sociale qui a la suprématie économique.

Certains ont mis en avant le rôle d'intervention de l'État dans la société, en vue de la prospérité et de la justice sociale. Bien que préconisé par des économistes comme

Keynes, l'État-providence a été critiqué notamment par **Tocqueville**, car il déresponsabilise les citoyens.

Votre avis nous intéresse !
Laissez un commentaire sur le site de votre librairie en ligne
et partagez vos coups de cœur sur les réseaux sociaux !

POUR ALLER PLUS LOIN

- ARENDT (Hannah), *Les Origines du totalitarisme. Le Système totalitaire*, traduction de Jean-Loup Bourget, de Robert Davreu et de Patrick Lévy, révisée par Hélène Frappat, Paris, Seuil, 2005.
- BOURDIEU (Pierre), *Cours au Collège de France (1989-1992). Sur l'État*, Paris, Seuil, 2012.
- HEGEL (Georg Wilhelm Friedrich), *La Raison dans l'histoire*, traduction de Bernard Bourgeois, Paris, Ellipses, 2002.
- FERRY (Luc), *Familles, je vous aime. Politique et vie privée à l'âge de la mondialisation*, Paris, XO Éditions, 2007.
- HOBBES (Thomas), *Le Léviathan*, traduction de François Tricaud, Paris, Dalloz, 1999.
- LOCKE (John), *Le Second Traité du gouvernement*, traduction de Jean-Fabien Spitz, Paris, PUF, 2011.
- MACHIAVEL (Nicolas), *Le Prince*, traduction de Jacques Gohory, Paris, Gallimard, 2007.
- MARX (Karl) et ENGELS (Friedrich), *L'Idéologie allemande*, traduction de Maximilien Rubel, in Œuvres complètes, Paris, Gallimard, 1982, tome 3.
- MONTESQUIEU, *De l'esprit des lois*, Paris, GF-Flammarion, 1979.
- PLATON, *La République*, traduction de Robert Baccou, Paris, G-F Flammarion, 1966.
- ROUSSEAU (Jean-Jacques), *Du contrat social*, Paris, GF-Flammarion, 2001.
- THOREAU (Henry David), *La Désobéissance civile*, traduction de Guillaume Villeneuve, Paris, Mille et une Nuits,

1996.

- TOCQUEVILLE (Alexis de), *De la démocratie en Amérique*, Paris, GF-Flammarion, 1981.
- WEBER (Max), *Le Savant et le Politique*, traduction de Julien Freund, Paris, Plon, 1998.

TESTEZ VOS CONNAISSANCES !

ASSOCIEZ CHAQUE CITATION À L'EXPLICATION QUI LUI CORRESPOND.

- **Citation 1 :** « [...] aussi longtemps que les hommes vivent sans un pouvoir commun qui les tiennent tous en respect, ils sont dans cette condition qui se nomme guerre, et cette guerre est guerre de chacun contre chacun. » (HOBBES [Thomas], *Le Léviathan*, Paris, Dalloz, 1999, partie 1, chapitre 13, p. 124)
- **Citation 2 :** « [...] chaque homme est [...] propriétaire de sa propre personne. Aucun autre que lui-même ne possède un droit sur elle. Le travail de son corps et l'ouvrage de ses mains [...] lui appartiennent en propre. » (LOCKE [John], *Le Second Traité du gouvernement*, Paris, PUF, 2011, p. 22)
- **Citation 3 :** « Trouver une forme d'association qui défende et protège de toute la force commune la personne et les biens de chaque associé, et par laquelle chacun s'unissant à tous n'obéisse pourtant qu'à lui-même et reste aussi libre qu'auparavant. » (ROUSSEAU [Jean-Jacques], *Du contrat social*, Paris, GF-Flammarion, 2001, livre 1, chapitre 6, p. 52)
- **Citation 4 :** « C'est seulement dans l'État que l'homme a une existence rationnelle. » (HEGEL [Georg Wilhelm Friedrich], *La Raison dans l'histoire*, Paris, Ellipses, 2002, p. 111)
- **Citation 5 :** « C'est une expérience éternelle, que tout homme qui a du pouvoir est porté à en abuser ; il va jusqu'à ce qu'il trouve des limites. [...] Pour qu'on ne

puisse abuser du pouvoir, il faut que [...] le pouvoir arrête le pouvoir. » (MONTESQUIEU, *De l'esprit des lois*, Paris, GF-Flammarion, 1979, tome 1, p. 293)

- **Citation 6 :** « [...] toute classe qui aspire à la domination [...] doit d'abord s'emparer du pouvoir politique afin de présenter, elle aussi, son intérêt comme l'intérêt général [...]. » (MARX [Karl] et ENGELS [Friedrich], « L'Idéologie allemande », in *Œuvres complètes*, Paris, Gallimard, 1982, tome 3, p. 1064-1065)
- **Citation 7 :** « Il [l'État] travaille volontiers à leur [des citoyens] bonheur ; [...] que ne peut-il leur ôter entièrement le trouble de penser et la peine de vivre ? » (TOCQUEVILLE [Alexis de], *De la démocratie en Amérique*, Paris, GF-Flammarion, 1981, tome 2, p. 385)
- **Explication a :** le citoyen se doit d'obéir avant tout à la loi morale de sa conscience et non pas à la loi d'un État.
- **Explication b :** à travers l'État, l'homme dépasse son existence subjective, liée aux intérêts particuliers, pour s'élever au niveau de l'universel et devenir un être rationnel.
- **Explication c :** l'État-providence, en rendant la vie de ses citoyens confortable, les déresponsabilise.
- **Explication d :** les États totalitaires ne sont plus des États à proprement parler.
- **Explication e :** en obéissant aux lois de l'État qui valent pour tous les citoyens et qui émanent des citoyens eux-mêmes, on n'obéit à aucun individu en particulier, et l'on conserve ainsi sa liberté.
- **Explication f :** tout homme a un droit inaliénable sur la propriété des biens issus de son travail et sur la libre disposition de sa personne, qu'aucun pouvoir, même celui

de l'État, ne peut lui ôter.

- **Explication g :** l'État sert à légitimer la domination économique d'une classe sociale, en présentant l'intérêt particulier de cette classe comme l'intérêt de la société dans son ensemble.
- **Explication h :** il est naturel que l'homme abuse du pouvoir qui est entre ses mains ; c'est pourquoi l'on doit limiter le pouvoir des hommes d'État, sous-entendu à travers le principe de séparation des pouvoirs.
- **Explication i :** sans la création d'un État, les hommes vivraient continûment dans un état de guerre.
- **Explication j :** la mondialisation appelle à repenser les notions d'État et de citoyenneté.

CHOISISSEZ UN SUJET BAC ET CONSTRUISEZ LE PLAN DE VOTRE DISSERTATION EN Y ASSOCIANT, SI POSSIBLE, CERTAINES DES CITATIONS ET DES EXPLICATIONS REPRISES CI-DESSUS.

- Serions-nous plus libres sans l'État ? (bac S 2012)
- Doit-on tout attendre de l'État ? (bac L 2004)
- Tout pouvoir s'accompagne-t-il de violence ? (bac L 2001)
- L'exigence de justice et l'exigence de liberté sont-elles séparables ? (bac L 2000)
- En tant que citoyen, peut-on se révolter contre un État ?
- L'État peut-il dominer ses citoyens ?
- Qu'est-ce qu'un État juste ?
- L'État contribue-t-il à l'accomplissement de l'homme ?
- Pourquoi l'État ?

- Quelles sont les limites du pouvoir de l'État ?

Rendez-vous sur lepetitphilosophe.fr et découvrez :

Plus de 1200 analyses
Claires et synthétiques
Téléchargeables en 30 secondes
À imprimer chez soi

L'éditeur veille à la fiabilité des informations publiées, lesquelles ne pourraient toutefois engager sa responsabilité.

© **LePetitPhilosophe.fr, 2017. Tous droits réservés.**

www.lepetitphilosophe.fr

ISBN version numérique : 978-2-8062-4457-4
ISBN version papier : 978-2-8062-4435-2
Dépôt légal : D/2017/12603/548

Schémas réalisés par Alberto Molina Pérez,
doctorant en philosophie des sciences
(Université Paris I-Panthéon-Sorbonne)

Conception numérique : Primento,
le partenaire numérique des éditeurs.

Made in the USA
Monee, IL
07 July 2026

56545220R00017